시라는 모종의 잔해

조현정 시집

시라는 모종의 잔해

달아실시선
103

달아실

보조 용언과 합성 명사의 띄어쓰기 등 본문의 맞춤법은 시인의 의도에 따른 것임.

시인의 말

'저절로'라는
열망 없는 말을 사랑하게 되었다.

여기까지만 하자, 이만 보내주자 했건만
천지사방 너의 흔적이다.
오늘도 망설이다 주저앉았다.
저녁볕 아래

2025년 11월
조현정

차례

시라는 모종의 잔해

시인의 말　5

1부. 우린 조금 천해진 걸까

주말시인　12
찔레나무 곁에서　14
혼잣말　16
아직도 그 집에 술래가 산다　18
새집증후군　20
돈구루마　22
화르륵　24
정情　26
흰소리 애인　28
앵두　30
통과　32
주름이 있는 풍경　34
복숭아　38
그 별에서 보기로 하자　39

2부. 너 아직도 시 써?

시라는 모종의 잔해 1	42
시라는 모종의 잔해 2	44
시라는 모종의 잔해 3	46
시라는 모종의 잔해 4	47
시라는 모종의 잔해 5	49
시라는 모종의 잔해 6	51
시라는 모종의 잔해 7	53
시라는 모종의 잔해 8	54
시라는 모종의 잔해 9	56
시라는 모종의 잔해 10	58
시라는 모종의 잔해 11	60
시라는 모종의 잔해 12	61
시라는 모종의 잔해 13	63
시라는 모종의 잔해 14	64
시라는 모종의 잔해 15	65

3부. 살지, 이렇게 힘든데 살지

왜를 지우면 68
내담內談 70
소원바위 72
헛것 74
불편한 관계 76
신세계 77
겨울 솔숲에서 78
한파예보 80
반추 82
창백하고 푸른 85
가시를 바르며 86
물딸기철이에요 88
스톡홀름 증후군 90
새들의 빈집 91
휴머노이드 마마 92
다행이라는 병 94

4부. 용감한 봄날

봄, 그 섬 — 제주 4·3평화공원에서 98
봄, 동백을 보다 — 청산도에서 100
동백을 들이다 — 제주 다랑쉬굴 앞에서 101
돌아온 승탑 — 법천사지 유적전시관에서 102
봄은 이제 시작인걸요 104
백담사, 봄길 106
쎄무와 봄눈 108
동명항 110
예민 銳敏 112
징크스 깨기 114
당신은, 울림통이야 116
재촉 118
첫사랑은 길에서 거반 다 늙었네 120
분홍낮달맞이꽃 122
그러다 봄이 오면 어쩌려구요 123

해설 _ 흩어지는 말들의 씨앗 • 오민석 124

1부

우린 조금 친해진 걸까

주말시인

 생계를 위한 일들로 팽팽하게 부풀어 있던 한 주의 도로가 푹 꺼져 주저앉았다

 반드시 횡단보도로 건너야 직성이 풀리는 내가 평소 무단횡단을 일삼는 그와 부딪힐 확률은 지극히 낮다고 보아야 한다. 우리가 만날 수 있는 건, 그가 구김 없이 다려진 흰 와이셔츠 정장 차림으로 횡단보도 위에 첫발을 반듯하게 내려디딜 때. 혹은 헤어지는 길에서 마주친 눈을 조금 길게 바라보다 홀린 듯 그의 뒤를 따라 안개 낀 로터리를 무단 횡단할 때. 아! 거기서 그만, 가슴이 부서지는 대형 사고를 상상하며 "그의 품에서 죽었으면 좋겠네." 중얼거리며 실없는 웃음이 날 때. 슬픔으로 가득 찬 그의 얼굴을 감싸쥐는 나의 작은 손. "나 때문에 와이셔츠가 지저분해졌군요. 미안해서 어째요?" 이런 발칙한 멘트를 비눗방울 놀이처럼 하늘 가득 무지갯빛으로 펼쳐 보일 때. 홀로 중앙선에 갇혀 오도 가도 못하는 신세가 되어 울상인 내게, 손을 흔들며 어서 건너오라는 손짓, 그 너머로 하얗게 빛나는 치아에 물린 미소를 보았을 때.

몇 번의 떨림 끝에
우린 조금 친해진 걸까

  오늘은 주말부부 같은 표정으로 그와 내가 길 맞은편에 마주 보고 서 있다. 칸칸이 일곱 방으로 나뉜 콩 꼬투리 속, 비밀한 귓속말을 밤새 쪽지로 써서 슬쩍 건네볼 참이다.

찔레나무 곁에서

예초기를 돌렸다
까투리가 죽었다
아랫집 찔레나무 아래 묻어주었다

과수밭 풀숲에 숨어 있는 꿩알 열두 개
칠면조 키우는 아랫집 아저씨네 드렸다
새끼 열둘이 세상에 나왔다

에미가 새끼 지키느라 도망가지 않았군

꿩 열두 마리
찔레 열매 익어갈 즈음
낮은 뒷산 기슭에 풀어주었다

찔레꽃 하얗게 피면
고것들 열둘이 차례로 돌아가며
아저씨 집 마당을 건너간다고
엄마 제사를 지내고 가더라고 했다

나 보고 그런 거짓말을 믿으라고?
걔들이 복수하러 오는 거라면 몰라두

지나간 그 얘기 잊고 살다가도
아랫집 화단에 찔레꽃이 하얗게 피면

나도 모르게 찔레나무 곁으로
걸음이 옮겨갔다

혼잣말

팔순 시어머니와 걷는 꽃길
공지천 벚꽃이 한창이다

무슨 생각이 그리 깊으신지

앞선 걸음을 놓치시고도
조용조용 뒤에서 따라오신다

기다렸다 가야지, 섰다 가야지

뒤돌아보면 덩달아 멈칫 서시고
따라가마, 먼저 가라 손짓이시다

너무 멀다 싶어 뒤돌아보면
또 저만치 오뚝 서 바라보시고

- 내년엔 이 길도 못 와 보겠구나
- 걷는 게 이젠 다르구나

혼잣말이 뒤에서 나즈막이 걸어오신다

또 한발 늦게 알았네
누구 혼잣말과 함께 걸으려면
너무 멀지 않게 걸어야 한다는 걸

봄은 한창때로 걸어가고 있던데

아직도 그 집에 술래가 산다

그 집에는 착한 아이가 끝내 행복해지는 옛날이야기와 아이 셋이 살았어. 착한 척만 하던 아이가 골로 가는 이야기도 있었나, 하여간 대개 호랑이 곰방대로 시작해 행복해지는 걸로 끝나는 이야기들이었어. 아이들은 여린 단풍나무 같았지. 이야기마다 실제로 다 보았다는 할아버지가 휘어 묶어주는 대로 잘도 자라나는.

화투패 꽃점 치는 할아버지 뒤를 졸졸 따라 날아다니는 아기단풍들, 옛날이야기가 끝나면 마루 벽에 걸렸던 호랑이 어슬렁거리는 마당에서 숨바꼭질을 시작했지. 열까지 천천히 큰소리로 세고 눈을 뜨면 들켜주느라 착해지고 못 본 척해주느라 착해진 선한 이마가 바닥을 향해 걸었지. 차례가 없는 술래였지. 속없이 착한.

숨바꼭질하기 좋은 날이었어. 그 집 마당에 들어서면 아이들 목소리 들리는 것 같아. 열까지 세는 동안 한 아이 나무 구멍에서 엉금엉금 기어 나오고 또 한 아이 호랑이 등 뒤에 숨었다가 배시시 웃으며 나타나고. 맞아, 단풍패 꽃 속에도 숨었겠네. 맨날맨날 다시 살아나는 놀이였지.

언제부터였을까, 그 놀이 멈추었던 건.

착한 아이는 호랑이가 안 물어가?
착한 아이는 호랑이가 안 물어가.
안 물어갔지.

새집증후군

쑥꽃이 피었다
쑥뜸을 떴다

연기가 자욱이 피어오르고 뱃속이 뜨겁게 달아올랐다 이건 병을 달구는 거야 나와 같은 병에 걸린 영화배우는 향을 엄청 피워서 죽었대 진짜일까 나는 삼겹살을 너무 많이 피웠어 일 년에 삼백 일은 살랐을 거야 이건 진짜지 식구를 살찌우려는 거였는데 식구라는 단위 킬로그램에서 오히려 살이 빠져나가는 기이한 현상을 참 여러 해 구웠고 애태웠지 이제 더는 태우지 않으려고 해 새집으로 이사했거든 새집에선 고기를 굽지 않아도 식구가 잘 웃었어 새집 환풍구는 울음과 웃음을 잘 섞어 환기했지 무엇이든 적절히 버무려진 새집에서 부드럽게 살아가는 꿈을 꾸곤 했어 새로 이웃이 된 성깔 있는 아토피 군도 살살 달래가며 조금 멀리하면 되겠다 싶었는데 한순간 긁어줬더니 갈라지는 건 시간 문제더라구 금이 가기 시작하면 금을 메꾸기란 쉽지 않고 그래서 말인데 아주 무너지지 않을 만큼만 조금씩 메꿔가려고 해 사람이 새집보다 더 독하다는데 이건 또 진짜일까

어느새 내 몸엔 드문드문 금이 가고 열꽃이 피었다

오로지 살아 보려는 생각으로 모질고 독해진
쑥꽃을 피웠다

돈구루마*

야채를 다듬으려고 쏟아놓은 봉지에서
벌레 한 마리 맹렬한 속도로 기어 나와 달아난다

목구멍에서 날 선 악 소리가 터졌다
내 목구멍에 이토록 튼실한 비명이 살고 있었다니
그 날것의 울림에 맞춰 도마를 들어 내리쳤다
보이지 않는다, 놓쳤나 보다

어둠을 찾아 미친 듯이 달려가는 돈벌레
명이 질긴 놈은 도주에 성공해
어느 틈에선가 어둠의 일가를 이룰 테고
어둠의 자식을 낳아 기를 테고
그 어둠의 자식들이 어둠을 낳고 어둠을 낳을 테고

돈을 거느린다는 돈벌레는 죽이지 말라 하던데
다리가 너무 많다는, 나와 다르단 이질감으로 받는
부당한 미움은 또 어찌나 단호하고 강력한지
행운을 동반하는 돈은 늘 그렇게 멀었다

일을 마치고
향나무 도마를 들어 올리자
형체도 없이 으스러진 다리 몇 토막이 발견되었다

어두운 돈의 그늘 틈엔 좋은 일을 하는 돈도 있을 터
바퀴벌레 알을 먹어 치우는 익충이라는 미담이
무선 정보망을 타고 흘러들었다

네이버 앱에서 보낸 돈구루마
죽어도 멸종하지 않는 돈 구루마였다

* '그리마'의 강원 방언.

화르륵

단단한 이마의 작약 꽃봉오리들
한 잎 한 잎 야무지게도 포개졌다

그 작은 봉오리 속
칭칭 휘감아놓은 무수한 사랑 혹은 집착

물 갈아줄 새 없이 돌아서면 피어 있고
돌아서면 조금 더 피어 있다

빛을 머금은 비단을 두른 여인
눈을 감았다 뜬다

누가 마술을 부려놓은 듯
순식간에 붉은 잎이 하얗게 물들었다

어느결에 월요일에서 금요일로 건너가
무너져 내리는 꽃송이

화르륵

저
단박에 져버리는
생의 전성기

정情

 초코파이 하나를 반으로 나눠 함께 먹으려고 했다 정확히 하자면 내겐 간식거리고 너는 배가 고프다 초콜릿을 골고루 뒤집어쓴 도톰하고 납작한 파이를 정확히 반으로 자르는 건 일도 아닌 것처럼 보였다 자본주의적 관점에서 정확한 배분이란 게 항상 공정할 리 없다 손가락에 힘이 들어가자 부스러지기 시작하는 파이 꺾이지 않는 의지와 불타는 박애 정신으로 우리는 부스러기 하나까지도 함께 나눠 먹을 수 있으리라 표면적 균열은 그렇게 봉합할 수 있을 것 같았다 이번엔 손에서 녹기 시작한 달콤한 초콜릿이 문제다 엄지와 검지의 공정해지기 위한 노력이 분주해졌다 이런, 마시멜로 같으니! 공정에 충실해지기 위한 구실이 하나 더 늘었다 이렇게 부드러운 벽 앞에서 쩔쩔매는 박애라니 부스러지는 파이와 나눠지 않으려는 하얀 마시멜로 문제는 결백을 물고 늘어지는 순백의 벽이었다 양심은 우리에게 늘 순수와 순결을 요구한다 순수의 배반은 잘려진 파이의 불평등으로 나타난다 이럴 때 드는 생각이란 건 참으로 편리한 순결이다

 안 되겠어, 이건 어딘가 불결해!

우리 기대와 좌절을 한입에 털어 넣고 손을 털었다

참으로 먼 지경地境, 개성공단

흰소리 애인

꿈에게 해고당했어
나 같은 욕심쟁이는 필요 없다는군

괜찮다는 한마디면 될 것을
꿈에 한발 가까워지는 것만으로 의미라고
거창하게 위로하는 애인

일만 잘되면
엘리엇의 시를 손에 들고
리펄스베이 황금 모래밭을 거닐며
오렌지 사파이어 석양의 바다를 보러 가자고
일만 잘되면 그렇게 보기 힘들다는
눈보라 맞은 물고기 눈알을 찾으러
사막 여행을 떠나자면서

나의 흰소리 애인은
배불러 죽겠다는 소화제 광고가 나올 때
죽었지
사인은 아사였어

애인의 꿈은 자기 장례를 잘 치르는 것
태어날 때야 어쩔 수 없지만
죽을 때는 온전히 자기 소관이라고

나를 해고한 꿈을 납치해
잘게 썰어 애인 없는 식탁에 올렸어
오늘도 한입 먹지 못하고
언저리를 헤적일 뿐이지만

앵두

 어머니가 넘어지셨다. 다음 외출이 멀어졌다. 다음 외출이 멀어지면서 다음 귀가가 따라서 멀어졌다. 외출에서 돌아와 드실 저녁밥이 누렇게 변했다. 94시간이 찍힌 전기밥솥 코드를 빼고 밥을 버렸다. 어머니의 귀가 코드가 뽑혔다. 콘센트에는 당분간이라는 귀띔을 해두었다. 식탁 위에는 설익은 앵두 서너 알이 아무렇게나 말라가고 있었다. 붉어지지 않겠지? 창으로 드는 해가 붉은빛 시들시들한 그림자를 식탁 위에 새겨 넣고 있었다. 어머니 식욕도 외출에서 돌아오지 못했다. 그대로 둘까? 빠른 설거지를 마치고 장롱 깊숙이 숨겨둔 약봉지를 가방에 챙겼다. 왜 이렇게 깊이 숨겨두셨던 걸까, 약을. 아니, 당신 걸음을. 한 발 한 발 조심해 디디셔야 해요. 떫은 앵두를 입에 밀어 넣은 채 나는 또 여지없이 어렵고 복잡한 골목길로 들어섰다. 매번 이 모양이다.

 병원 밥을 꼬박꼬박 잘 챙겨 드시는 어머니는 자꾸 여위어가고 나는 병실로 가는 지름길을 또 놓쳤다. 외출이 금지된 밥에는 검은콩이 많이 들었다. 94시간에 얼마를 더 곱해야 하는 걸까.

식구들은 하나같이 바쁘다. 멀리서 눈물 붉어지는 건 또 얼마나 쉬운 일인가.

 식탁 위에서 뒹굴고 있던 설익은 앵두가 지금쯤 다 말랐겠다.

통과

 잠깐 눈을 감고 있던 사이 꿈을 꾸었나 보다. 하루의 첫차와 막차 사이를 씨실로, 삼 년의 날들을 날실로 직조한 0교시에서 야간 자율학습까지의 개근에 관한, 광목 한 필로 설명할 수 있는 기억의 기록이다. 문이 있었다. 울타리가 있었고 암울한 해방구로 통하는 개구멍이 있었다. 있는 것 외에는 아무것도 없는 흰 무지 천 한 필을 짜는 과정이었다. 바디집 사이를 드나드는 북이었다. 무탈한 문의 통과를 허락하는 수위 아저씨의 수신호였다. 문을 나서면 갑자기 공중 발을 차게 하는 허공이 나타났다. 공중이 두려워 악착같이 정해진 규칙에 따라 바디집 사이를 드나들며 합당한 규칙의 열린 틈을 비집으며 밀려들어 가고 밀려 나왔다. 그럴수록 더 촘촘히 자기를 조이게 된다는 걸 조금도 모르던 나이였다.

 희미한 폐소공포증을 동반한 통과 불안장애의 씨앗이 자랐다. 자기공명 촬영 장치를 통과하며 그것이 오래된 학습의 결과일 거라는 자가 진단의 확진을 내렸다. 무척 쓸쓸했다. 나는 여전히 북이었고 북 속 실꾸리였고 바디집을 거역하지 못하는, 남의 해방구를 곁눈질로 꿈꾸는

열일곱 살이었고 무지 천을 반대하는 지천명을 한참 지난 몸살이었다. 실을 끊어야지. 이제껏 따라다니던 북 속에 갇힌 아름다운 실꾸리 한 뭉치에서 그만 나를 끊어내고 싶었다. 문을 나서며 새파랗게 갠 하늘을 오래 서서 바라보았다. 이젠 그런 내가 아무렇지도 않았다.

주름이 있는 풍경

1
중력으로도 주름이 생기는구나

2
거울을 본다. 종일 밭일하시고 저녁이면 얼굴이며 목에 콜드크림을 듬뿍듬뿍 펴 바르시던 할머니

3
지금 당신에게 가장 소중한 게 무엇이냐는 질문에 너는 '보험'이라고 했다. 나라면…… 우리에게서 기어이 빠져나간 것, 말캉말캉 투명하고 부드럽고 여린…… 여기까지 말했을 때 너는 "콜라겐!"이라고 외쳤다. 나는 '순수이성'을 말하려 했던 거지만 "딱 맞혔어!"라고 했다.

4
말라죽은 나무를 보았다
목이 잘리고
뻗어 있어야 할 가지들
모두 잃고도 용맹정진하는

수행자의 외로운 투혼을 보았다

땅을 움켜쥐고 있었다

둘러싸인 먼 숲에서 나무의 영혼을
마지막으로 인도할 주술이
흘러들었다

키 작은 풀들과
땅 위의 자잘한 돌들이
머리를 조아린다
마지막이 외롭지 않도록

세월의 증거로 드러난 뼈
쓰러지지 않은 채 숨을 거둔
수행자

5
새벽에 눈을 뜨면, 나뭇가지 그림자가 달빛에 어우러져

천장화를 그리는 집, 충격과 불면과 우울의 나날이었다. 선천적으로 뇌 주름이 적은 사람은 우울에 취약할 수 있다더군. 나는 선천적인가, 후천적인가. 새벽에 눈을 뜨면, 천장에 아무 그림도 그려지지 않는 집으로 이사했다. 치유와 화해와 상생의 나날이었다. 어느 순간부터 입에 '재미없어'가 붙었다. 윤택한 이성에서 순수가 빠져나가는, 단조롭고 무력한 리듬

6

창밖의 은행나무 잔가지들 봄부터 재빠르게 녹음을 타고 오르는가 싶더니 복숭아가 열흘이나 일찍 익었다. 담배와 노화와 니코틴과 복숭아가 사이좋게 사람들 입에 오르내리던 때가 있었다. 우리는 주름 따위 신경 쓸 새 없이, 이 여름 무슨 꽃이 피었다 지는지도 모르는 계절을 마구 달려간다. 가로수 아래 색색의 봄꽃들이 가을꽃으로 훌쩍 건너뛰어 핀다.

7

벽에 기대어 주름 많은 나무를 바라보다가, 나는 그저

사람들의 이름에서 벗어난 떨기나무 한 그루였다는 것에 동의하며, 서로의 존재에 관한 합의를 이제는 조금씩 이해하고 어루만질 수 있을 것 같다는 생각을 한다.

복숭아

누구나 알 수는 없었지
핵과의 결심이 꽃에서 온다는 걸
과육에 단물이 들도록

꽃이 지고도 계절의 찬사를
한 몸에 받던 그 여름의 비밀 나무

이제야 알았네
나무의 생각이 과육 속에 여문다는 걸

괜찮아요, 그럴 수 있어요

아직 씨앗인 아이가 자라
핑크빛 열망으로 복을 기원하는 말
청춘을 얻는 말

그건
뿌리의 비밀이었네

그 별에서 보기로 하자

이제 끝이면 좋겠어
우리를 편협하게 하던
말의 겨울

이 별에서 사라진 것들은 모두,
그쪽 별로 건너가 다시 모인다지

벌, 나비, 꽃, 새들의 지저귐,
산들거리는 바람, 뭉게구름
아, 서로 건넨 축복의 말들로
달아오른 크리스마스 장식들

우리는 말이 쓸모를 다하는
그 별에서 보기로 하자
영원할 것처럼 빛나던
마지막 언약은
내가 가지고 갈게

2부

너 아직도 시 써?

시라는 모종의 잔해 1

너는 루틴이라는 말을 처음 들었을 때
건강보조제인 줄 알았다고 했다
어린애가 우리말 깨우치듯 감이 왔다고

규칙적인 건
건강과 아주 관련이 없는 것도 아니어서
강박과도 통한다고 했다

가지런한 건
너에 대한 의도적인 정성으로 보일 수 있으므로
살포시 긍정적이다

사회생활이든 회사생활이든
아주 이따금씩
정돈을 즐기면 그뿐

쌓인 서류를 한 번에 갈아버리고
쌓인 인간관계를 한 번에 끊어내고
제자리로 돌아올 일정한 주기 안에서

다시 어지르며

살아가는 것

시라는 모종의 잔해 2

규칙적인 친절함을 기대했던 걸까
머리 MRI를 찍을 때 불규칙 소음에 당황했다

불편하면 오른손을 드세요

처음부터 다시 시작하면 더 괴롭지 않겠나
괴로운 건 빨리 끝내는 게 상책이다
완전하진 않지만
이 불편한 세계에서 피신시켜줄 방법을 찾았다

아이언맨 마스크를 쓰고 풀밭에 누워
아니, 이름 모를 벌레가 득실거릴지 몰라

꽉 끼는 헤드폰을 쓰고 나무 벤치에 누워
아니, 죽은 나무는 너무 차가워

거기 달빛이 내리면 조금 나을까
그래, 언젠가 우리 같이 놀던 눈밭이 좋겠어

거기 누워 너와 부르는 후렴 많은 노래가
소음을 이겼다 졌다 시소를 탄다

시라는 모종의 잔해 3

  괜찮다면 토요일은 빼줘 첫째 토요일엔 서울에서 온 옛 애인을 만나고 둘째 토요일엔 일요일에 결혼하는 애인을 만나려고 해 셋째 토요일엔 시를 쓰는 애인과 등산을 좋아하는 애인 중에 선택을 하고 넷째 토요일엔 농사짓는 애인과 강냉이를 사러 시장에 갈 거야 일월화수목금은 모두 너에게 달려갈게 모든 계절과 모든 날씨를 함께 걸을게 근데 너는 자꾸 토요일의 날씨만 이야기하며 웃는구나 너에게도 토요일은 구하기 힘든 건강보조제 같은 거 일종의 루틴 같은 거

시라는 모종의 잔해 4

나쁜 소식으로 심장이
쿵
내려앉곤 했다
인생이 좋아지지 않으니까
나빠지는 쪽으로 걷는 게 편했다
죄인 줄 모르고 지은 자의 감옥은
너무 캄캄하지 않았으면 좋겠다

일정한 시간에
밥을 먹고
일을 하고
운동을

아, 나는 운동이 정말 싫다

야야! 얼마나 산다고 그래
그냥 하고 싶은 것만 하고 살아!

야야! 냅둬!

아직 살 만하니까 안 하는 거야!
지가 죽겠으면 다시 할 걸!

너의 변덕스런 응원으로
오늘도 맥쩍게 걷는다

난
출소를 꿈꾸는 무기 징역수다

시라는 모종의 잔해 5

 당신 머리 위로 가끔씩 별들이 깜빡이며 지나갔다 어둠 속으로 가뭇없이 숨는 별들이 생겨나기도 했다

 그건 자신의 항적을 감추려는 것들의 계략일지 몰라 설익은 과일과 달뜬 벌레와 독 오른 풀들이 폭발하는, 여름이라는 계절을 서둘러 지나가는 중이었으므로 우리는 가을에서 봄으로 가는 길목에서만 서로를 볼 수 있었다 봄이면 어김없이 벚꽃 연금을 받는다는 가수의 노래가 들리는 것처럼 아무리 들어도 아무리 들여다보아도 질리지 않는 서로라면 얼마나 좋을까 생각하던, 다홍빛 가을이었다 젊은 날을 위장하던 낭만 같은 건 없어진 지 오래 불편한 로맨스를 위해 우리는 이제 남은 시간을 광고해야겠지 원숙한 자들의 인생 여정이 완전한 빈탕일 때도 많던데 나만 그런가 싶은 흔한 동네 포차의 대기 줄이 길어지는 동안 사진이나 한 장 찍고 돌아가자며 옷자락을 잡아끄는 당신을 거역하지 않게 되기까지, 얼마나 많은 입안의 말들을 죽여야 했는지 당신은 알 리 없다 빨리 사랑하고 빨리 질려버리는 당신 미소를 보겠다고 참아낸 이별 그 곁에서 오래도록, 더불어 잘 지내온 '시' 자 앞에서 나는 언

제나 주눅이 좀 들곤 했는데

 죽은 낭만의 밤바다 위를 실어증 앓는 케이블카가 유유히 가로질러 날아갔다 그건 연금을 기다리며 깜깜하게 죽어가는 말들의 느릿한 반성이기도 했다

시라는 모종의 잔해 6

 잘 웃었으니까. 워낙 웃음이 많던 시절이었으니까. 찢어진 우산을 함께 쓰고 달리다가도 깔깔거리던, 웃음이 저절로 빛나 보이던 시절이 있었으니까. 그것만으로 오래도록 함께 지낼 수 있을 것 같았으니까. 누군가 우리의 미래를 점쳐주었다면 그리 웃진 않았을 것. 원시 부족의 오래 묵은 관습처럼 마음에 비를 쫄딱 맞으면서도 깔깔거리기만 하던 빗속, 이제는 누군가 자리에서 일어나, 모두에게 또박또박 말해줬으면. 웃을 일만 기다리는 걸 그만두어야 할 때가 바로 지금이라는 것을. 그럼 좀 나아질까. 잘 우는 법을 잊은 우리는 웃음을 멈출 수 있을까. 평온한 침묵을 다시 시작할 수 있을까. 당신과 우리가 마음 다치지 않고 함께 우는 법을 배울 수 있을까. 그러면 당신이, 당신의 과수원에서 과일이 들지 않은 빈 봉지들을 수없이 뜯어내곤 아무 일도 없는 저녁처럼 집으로 돌아올 수 있을까. 우리 최악이라는 말은 쓰지 말자. 해마다 최악의 기록을 경신하는 최악이라니. 그런 말은 하지 말자. 그렇게 끝나는 세상은 없을 테니까.

 언제부터인가 웃음도 울음도 한꺼번에 잃어버린 당신

에게 술 한잔 사주고 싶은 저녁, 비가 여러 날을 이어 내리고 있다.

시라는 모종의 잔해 7

 다른 사람은 몰라도 내겐 너무 큰 사건이었어요. 복숭아를 잘 포장해서 택배사에 보냈더니 내일이 '택배 없는 날'이라더군요. 곰팡이 포자가 퐁퐁 날기에 최적인 날씨에 에어컨 바람을 깔고 앉은 이에게 발신은 가능하나 수신을 보장할 수 없다는 고지를 들고 서 있었어요. 다음은 기억이 잘 나지 않아요. 알아야 할 것과 몰라도 될 것이 뒤범벅인 세상에선 변명의 여지가 없는 사건이었죠. 갈 곳 잃은 과일상자를 싣고 무작정 동네를 돌았어요. 낮 기온이 40도를 넘긴 곳도 있었다는 뉴스가 귓속 거품으로 떠다녔습니다. 입 안이 얼얼하도록 찬 생맥주가 너무너무 간절했어요. 다 지나간, 지나갈 일입니다만 숨이 잘 쉬어지지 않는 순간이 아직도 찾아옵디다. 급발진 대처법과 화재 생존법이 연일 뜨거운 화제로 떠올랐던 여름이었어요.

 동인지에 배당된 백지 시 원고는 청탁이 아니라 강제 구인장 같아서 시의 잔해에 걸려 자꾸 넘어지는 밤. 옆집 지붕 위를 뛰어 건너가는 빗소리를 들었어요. 너무 덥고 너무 습하고 너무 불규칙적인, 기준이 너무 모호한 지붕이었어요. 우리는 너무를 너무 남발하는 경향이 있지요. 나는 '너무'라는 시를 너무 오래 쓰고 있고요.

시라는 모종의 잔해 8

 아직도 사람을 믿니? 참 잘 속아, 좋은 인상에 속을 나이는 이제 지났지. 너는 앞으로 백 년 동안 모서리 깨진 가구를 쓰게 될 거야. 조석으로 귀퉁이 깨진 수납장을 어루만진들, 이미 품절인 쇼핑몰을 들락날락한들, 소용없어. 사람을 믿는 게 아니라 사람을 믿는 너를 믿은 거라고 이제 좀 조용히 하라고 도리질을 하겠지.

 그런데 어쩌지? 이번엔 당신이 틀렸네.
 폭염 따위 아랑곳없이 환히 웃는 여름을 닮은 배송 기사가 새 수납장과 함께 씩씩하게 들어왔어. 그의 아내는 미용실을 해. 나처럼 에어컨 바람을 싫어하지. 어제는 아들 방에서 둘이 에어컨을 빵빵하게 틀고 잤대. 잔잔히 사는 얘기가 참 힘있게 들렸어.

 올해 첫 복숭아를 깨진 수납장 위에 봉지째 올려주었어. 고맙다고 서로 인사했지. 살면서 우리는 실체가 모호한 적과 소소한 전쟁을 치르곤 하지. 그럴 때마다 견딜 수 있게 온 힘을 다해 보살피는 사람들이 있지. 시가 되어 오는 사람들이야, 나는 그들에게 물드는 게 그렇게 좋을 수가 없어.

그런데 어쩌지? 여전히 당신은 시를 믿지 않네.

시라는 모종의 잔해 9

 농막 귀퉁이에 시커먼 독사 한 마리가 똬리를 틀고 있더라구. 깜짝 놀라 뒷걸음질쳤지. 당신이 옛날에 구독하던 내셔널지오그래픽에 나온 그 뱀, 그거였어. 알지? 그 눈. 얼마나 섬뜩한지. 그런데 이놈의 눈이 초점을 잃었더란 말이야. 사람으로 치면 상사병에 걸렸거나, 실연을 당했거나, 그랬을 거야. 긴 막대기를 가져와 툭툭 쳐보았지. 공격당할까 봐 엄청 쫄아서는. 물리면 끝장이니까. 허허! 끝장! 이리 치면 이리 쓰러지고 저리 치면 저리 쓰러지고. 이놈은 이미 끝장을 본 것 같았어. 공격은커녕 죽이든 말든 네 맘대로 하란 듯이 늘어지는데 나 참, 이런 뱀은 평생 처음 봤네. 실연당한 게 맞지? 상사병 걸린 게 맞지? 하도 불쌍해서 작대기로 들어다가 멀찍이 놓아줬네.

 뭐어? 놓아줬다구? 미쳤어, 미쳤어!

 꽃 한 송이도 제 손으로 사보지 않은 사람이 장미 화분을 자기 방 창가에 들여놓을 때부터, 그 장미 하염없이 바라볼 때부터 정성껏 싸준 도시락을 당연히 들고 나가던 사람이 병원 다녀오는 길에 사 온 크림빵 하나 챙겨가며

고맙다는 말을 수십 번 건넬 때부터였다. 평생 보아온 눈이 처음 보는 눈처럼 보인 건.

  그나 나나 살기 위해 시선을 낮추는 시간.

시라는 모종의 잔해 10

알아서 하겠지
알아서 하지 않는다
슬쩍 시켜보면
고개는 끄덕인다
움직이지 않는다
다시 시킨다
시키면
더 하고 싶지 않은 거라 말한다
미룬다
당장 했으면 좋겠다고 했더니
이따가 하겠다고 한다
이따가 언제 할 거냐고 묻는다
하고 싶을 때 하겠다고
대답한다

   푸념을 듣던 너는 좀 더 참아보라고 한다. 속 터지는 걸 참으라는 게 아니라 식구들이 할 때까지 놔두고 지켜보라고 한다. 참지 못하고 자꾸 해줘 버릇하니까 악순환을 거듭하는 거라고. 그러면서 너는 지금 제일 하고 싶은 게 뭐

냐고 묻는다. 뜬금없긴. 내가 제일 하고 싶은 건……

 없다. 없다는 생각이 생소하다. 미안. 하고 싶은 게 뭐였는지 잊었다. 하고 싶은 것들이 해야 할 것들에게 잠식당했다. 누군가 무엇을 해주길 바라는 시간 동안 나는 무엇이 있기나 했던 걸까

 시가 일이 되는 지경은 멀기만 하고

시라는 모종의 잔해 11

 막판에 찬으로 나온 삼 뿌리 무침을 뒤적이며 물었어요. 이건 삼이겠죠? 어머니는 단호히 도라지라고 하셨어요. 에이, 맛이 쌉싸름하니 분명 삼이에요. 내 고집에 질세라 조금 더 크게 도라지라고 하셨어요. 내 알기로 도라지랑은 크기와 맛이 완전히 다른데 끝까지 우기셨어요. 그럼 내기하실래요? 도라지면 제가 커피를 사고 삼이면 어머니가 사기예요. 그때 어머니 눈빛이 살짝 흔들렸다고 확신해요. 식당 주인이 답을 들고 오기 전까진 승률이 아주 터무니없어 보이진 않았죠. 도라진데 자꾸 손님들이 삼 뿌리 더 달라고 하니까 삼 뿌리려니 하고 그냥 드려요. 삼을 도라지라고 하면 고쳐 말하겠지만 도라지를 삼이라고 하는 데야 굳이 말할 필요는 없지요. 나의 패배를, 승리감을 안겨드리는 효심으로 포장했지만, 그건 그냥 본능이었어요. 내기꾼의 본능이요. 나는 살면서 왜 그렇게 징글징글하게 내기를 해대는지 모르겠어요. 시든 삶이든, 이길 줄도 모르면서.

시라는 모종의 잔해 12

누구였을까

 월급이 연결된 현금카드가 든 지갑을 잃어버렸다. 분실 신고한 은행에 시스템 장애가 생겼다. 그 틈에 알량한 잔고를 누군가 모두 인출해 갔다. 뉴스에서나 보던 소매치기가 있고 비밀번호를 알아내 돈을 훔치는 도둑이 있다니. 몇 날 며칠을 이 믿기지 않는 일을 성토하고 다녔다. 순진한 바보는 오늘까지 꾸준히 지갑을 잃어버리지 않았고 월급이 안 들어와도 쓸 수 있는 신용카드를 만들었다. 쇼펜하우어를 책장에 꽂아놓고 철저하고 처절한 회사 인간으로 살아가기가 유행하던 시절이었다. 여직원의 허벅지에 손을 올린 대머리 부장은 대리에게 사무실 밖으로 내팽개쳐지고도 자리를 오래 보전했다. 인품 좋기로 소문난 사모님은 자기 집 제사라며 직원들에게 퇴근하면 일 거들러 오라는 말을 서슴없이 했다. 영악한 바보는 누군가에게 몇 날 며칠, 이 믿기 힘든 사실을 일러주며 매우 서러워했다.

 등대 불빛을 향해 어디서 떨어져 나온 빙하인지 작은

꿈의 얼음덩이 위에 올라타 맨손으로 노를 저으며 간다.
꿈속의 내가 꿈 밖의 나에게 말한다.

  이런 꿈 오랜만이라고.

  시가 한 편, 금방 손에 잡힐 것 같은 서글픈 꿈이었다.

시라는 모종의 잔해 13

ISTJ 오늘 태어났나 봐, 눈도 못 떴더라
ENTJ 내가 데려다 키울까? 한번 키우고 싶었는데
INFJ 그냥 체육관에다 키우면 안 될까
INFP 거기서 키우면 죽을지도 몰라
INTJ 어디서 키우든 살리는 게 우선이야
ESTP 맞아, 처음 눈 떴는데 외계인들이 딱 있으면 놀라서 바로 죽을 수 있어
ESFP 처음 눈 떴는데 아무도 없으면 아! 외로워! 하고 바로 죽을지도 모르지

〈침묵〉

ESTP 우리 보고 재미없어서 죽을 수 있는 게 제일 심각해

그런데 너 아직도 시 써?

시라는 모종의 잔해 14

 여자인지 남자인지 모를, 물갈퀴 달고 해루질하는 사람이 지나갈 때마다 검푸른 바다를 연둣빛으로 물들이고 있더군. 거기만 환했어. 숨을 가둬 쉬며 한참을 따라가다가 정신이 든 건 맥락 없이 터져 나온 노래 한 소절 때문이었지. 바다가 육지라면 이별도 없고 눈물도 없었을 거라는 노래. 아아, 어차피 찾아올 이별은 찾아오고 흘릴 눈물은 흘리고야 말 테지만 바다가 육지가 아니어서 이별도 하고 눈물도 흘린다는 노래. 말 안 되는데 되게 절절한 노래. 그 노래 흥얼거리며 거기 한참을 서성였어. 점점 어두워가는 비취색 바다에 박제된 슬픔의 언어로 유영하는 물고기가 튀어 올랐어. 시어인지 잡어인지 모를.

시라는 모종의 잔해 15

 구두를 새로 장만했나 봐요 나 같으면 장화를 샀겠어요 여긴 진흙탕 마를 날이 없는 곳이거든요 목구멍에 풀칠이라도 하려면 장화가 필요하죠 앞서가는 첨단 지식은 필요 없어요 오래되고 낡은 것부터 차근차근 꺼내야 호흡을 맞출 수 있죠 아, 아부의 타이밍 잡는 거 잊지 말고요 손바닥의 고통이 심장에 닿을 때까진 새 구두는 생각도 말았어야 했는데 안타까워요 내가 여기까지 기어 올라오느라 얼마나 치열했던가를 존경해줘요 무엇이든 토 달지 말고 그냥 해요 새 구두를 신은 당신, 내 얼굴이 벌개지거나 머릿속에 붉은 등이 들어오는 순간 평생 내 이름만 들어도 심장이 두근거리는 증상을 간직하게 될 거예요 당신 눈빛, 영혼을 믿는 그 눈빛 너무 눈꼴셔 쳐다볼 수가 없어요 당신 같은 부류 잘근잘근 씹는 낙이 쏠쏠한데 고수인지 하수인지 당최 헷갈리네요 그래도 나라면 장화를 샀겠어요

 속이 훤히 들여다보이는, 수습 딱지 겨우 뗀 시가 장화를 신고 첨벙거리며 노는 걸 지켜보고 있어요

3부

살지, 이렇게 힘든데 살지

왜를 지우면

넋을 잃고 길가에 앉아
묻는다

왜 살지?
이렇게 힘든데
왜 살지?

길을 묻는 그대에게

왜가 문제였어
좀 시끄러운 애지

보낼까?
그게 좋겠어

일단 왜를 보내고 나면

살지
이렇게 힘든데

살지

내담來談

마음이 곧 떠나려고 해요
이별은 혼자 일이니까

남편은 제게 참 잘해요
잘했어요
연애할 때야 당연한 줄 알았지요

평생 연인이 되는 건 어려웠나 봐요
그래서 결혼들을 하나?
기십 년 갈 신혼도 아닌데

남편의 연인은 고왔어요
나도 아가씨 땐 참 고왔지요
안 그런 사람 있으면 나와 보라 그래요

밥의 배신만 없어도 얼추 참고 살아지는 건데
바보예요
아휴,
유행하는 빵이나 뜯어먹으며 사는 것도

나쁘진 않은데

그냥저냥 걷다가 이제 떠나려고요
돌아온 남편은 몰라요
내가 떠나고 있다는 걸

얘기 들어줘서 고마워요

아, 근데! 이거 녹음되나요?

소원바위

목숨이 아파 허깨비처럼
둥글게 주저앉았던 여자

남은 울음 다 비우니
일어나져서

무슨 효험이 소문으로 돌았던지
몰려들어 피는 꽃무리

둘러앉은 꽃들의 수다에
조용히 웃기만 하는 여자

절절했던 소원은
혼자 거는 손가락 약속이 되어
이루어지지 않아도 괜찮은 마음

문득 뒤돌아보면
스스로 봄이 되고 가을이 된

그저 흔하디흔한 바위
그 하나쯤 되고 싶었던 여자

한 여자 아직 거기 있었지

헛것

신의 계산은 치밀하지
경고성 계몽령 같은 시련도 안기지

생을 박살 내지

죄로 땟국 흐르는 얼굴은 싫어

늑골을 힘껏 움켜쥐고
너의 허튼소리를 삼켜버렸지

울지 마

따질 것도 없어
세련된 이별 따위 고민도

누워 흘리는 눈물은 귓속으로 흘러
귀에 대고 속삭이지

그래, 좋아

감추고 싶은 얼굴 하나쯤은 허락해줄게

좋아

잘 가, 헛것

불편한 관계

 강가에 앉아 너를 기다린다 노을빛 내리는 물 위를 바람 없이도 바람이 길게 쓸고 지나가는 것 같다 휑한 바람이 가슴을 쓸어가는 것 같다 물결은 제 몸을 수천 갈래로 부수어 산의 능선을, 하늘을, 제멋대로 담그고 형체를 알 수 없게 흔들어버린다 나무는 온데간데없다 일어나 한 걸음 물러선다 조금 다르게 보일 뿐 여전히 우린 서로의 눈을 마주하지 못하고 내 목소리는 네게 닿기도 전 뒤틀린다 네 마음은 내게 닿기도 전 다른 결로 바뀌어버린다 나의 가벼운 짧은 웃음도 너의 단순한 침묵도 온전히 그대로 닿지 않는다 단 한 순간도 본래의 것을 보여준 적 없던 사이인 것처럼 처음부터 흔들리고 물결치는 사이였던 것처럼 이제 나는 너를 기다리지 않는다 나무를 찾지 않는다 아무것도 약속할 수 없는 기다림은 서로에게 견디기 힘든 고행이었을 것 같다 닫히는 문틈에 찧은 손가락 같은 우리에게 언제나 부족했던 것은 서로를 넉넉하게 바라볼 수 없는 시간이었을 것 같다

 시간이 없다

신세계

 장기요양등급을 받아놓으면 자식들 걱정을 덜 수 있다는 말을 들은 어머니들이 초짜 연극배우처럼 아픈 연기를 하더라는 얘기. 파킨슨병을 앓던 할머니는 공단에서 등급을 매기러 오면 평소보다 어찌나 말씀을 잘하시는지 고모가 고개를 절레절레 흔들었다는 얘기. 모두 다 남의 얘기, 멀기만 하던 얘기들이 성큼성큼 다가와 친한 척을 한다. 어머니도, 나도, 얼떨결에 들어선 신세계에서 매 순간 듣는 말, 정신 차려. 정신 안 차리면 나락이야.

겨울 솔숲에서

숲은 대략 갈빛
솔잎 사이에 집을 지었다

충영이다

가엾은 나뭇가지의 등을 쓿어주었다
너도 뒤숭숭한 꿈이 가려웠나 보구나

꿈은 늘 슬프거나 무섭거나 둘 중 하나

창문을 열어 겨울 하늘을 방안에 들여보아도
바뀌는 건 없어

흑파리 떼에게 점령당하는 꿈

악몽은 우리가 나서서 털어내야지
악착같은 진창 싸움이라도 벌여야지

어느 왕족의 황장목 끄는 소리 소란스럽고

왕궁에 숨어서 피한하는 저 해충들을
겨울 숲에 단단히 붙어 꿀 빠는 저것들을

사라지지 않는 망국의 흑파리 떼를

어쩌면 좋을까

짧은 해가 다 저물도록 서 있어도
솔잎마다 풀리지 않는 문제가 들러붙어 있다

한파예보

학습된 공포가 무서운 건
잠을 자주 설치던 그 겨울로 증명되었지

내팽개쳐지는 꿈마다
미리 파놓은 눈물 우물을 길어 마시면서
다시 깨어나곤 했지

뺨으로 녹아 흐르는 진눈깨비
다시 쌓이고 녹으며 흐르는 눈의 물
마르다가 얼면,

마음이 먼저 얼어붙은 이 혹한을 어쩌지

겨울 튤립이 핀 걸
조화造花였을 거란 단정으로 삼켜버린 꽃말

반백 년이나 살고도 다 자라지 못한 우리

해빙은 아직 멀었다는데

사람 사는 소리는 왜 이리 요란스러운지

결국은 모두 떠날 거면서

반추

1
작별 인사를 하고 돌아서 길을 건너려는데
서울 시인이 잡고는 왜 길을 건너느냐 묻는다
전철 입구가 여긴데
- 올 때 길 건너 4번 출구로 나왔어요
서울 시인이 웃는다
- 나온 데로만 들어가는 사람 태어나 처음 보네
나는 4번 출구로 나왔으니 거기로 다시 들어가야
집에 가는 전철을 탈 수 있다고 믿는다
반대편 입구로 들어가면 반대편 종점에
닿게 될 거라고 믿는다
내가 사는 곳엔 지하철이 없다
아예 입구가 없다

2

중학교 1학년 때 양은 주전자에 비친 플라타너스와 파란 하늘빛을 잘 표현했다는 이유로 선생님이 미술실 열쇠를 내게 맡겼다. 앞문은 바깥쪽에 자물쇠 고리가 있고 뒷문은 안쪽에 고동색 걸쇠가 있는 미술실이었다. 나는 늘

앞문만 열고 잠갔다. 뒷문 고동색 걸쇠는 잠그지 않았다. 아이들이 드나들 수 있도록. 아이들의 미술실이었으므로. 미술실을 마음대로 드나드는 아이들을 본 선생님이 실망에 찬 눈빛으로 말했다. 똑똑한 줄 알았는데. 살면서 참 많이 들었다. 똑똑한 줄 알았다는 말.

3
충무로역 4번 출구
밖으로 나가야 하는데
아무리 카드를 찍어도 출구가 열리지 않는다
걸쇠가 단단히 걸린 미술실 뒷문처럼
누군가가 곁에 없으면 늘 반대편으로 내뛰고 말 것 같은 나날들을
살살 꼬드겨서 여기까지 오기는 왔다만

4
오른쪽으로 찍고 왼쪽으로 나가세요
네가 암만 그래 봐라, 모두 공염불일 테니
다음번에도 또 까먹고 허둥거릴 게 뻔한데, 뭘.

나도 내가 똑똑한 줄 알았는데.
쳇!
쳇, 쳇, 쳇.

창백하고 푸른

우리는 조금 멀리 있었어
그날 아침도

이 별 한쪽에선
여전히 너무 많은 사람들이
한꺼번에 죽어 나가고
다른 쪽에선 열에 들뜬 젊은이들이
초콜릿을 주고받았지

태풍이 몰려온다는군
그렇다고 다 쓸어가지는 말고
울 사람은 더 울 수 있도록
남겨두었으면

가시를 바르며

아버지와 오랜만에 마주 앉아 임연수어를 굽는다

나는 아버지의 장녀
중대 결정에서는 출가외인
아버지 이름이 허할 때는 세상 하나뿐인 역할녀
생선 가시를 바르며 괜한 걸 묻는다

슬픔은 생물의 방식인 거죠, 아버지
이면수는 껍데기가 제일 맛있단다, 얘야
괜찮아요 아버지, 나도 이제 알 건 알아요
너는 함부로 용서하지 말거라, 얘야

아버지의 아버지가 무척 좋아하셨다는
이면수의 이면으로
아버지의 아버지가 무척 싫어하셨다는
소주잔을 깨끗이 비우신 아버지

너덜너덜한 임연수 껍데기 한 조각씩 덧대어
아버지는 누덕누덕 눈에 눈물을 깁는다

나는 고개를 숙인 채 아무 말 없이 가시를 바르는데
가시에 자꾸 덜 익은 생선 살이 붙어 올라오는 것이다

물딸기철이에요

딸기를 샀어요
알은 정말 실한데 싱거운 물딸기였죠

우리 집엔 너른 딸기밭이 있었어요
물을 많이 대서 싱거운데 값은 잘 받는 물딸기라고
작은 개울 빨래터에서 앞집아줌마가 삐죽대던 날
당신은 웃음기를 박박 문질러 빨았어요

선생님은 딸기 속도 모르고 먹고 싶다고 했지요
우리 집 딸기는 싱겁고 맛이 없대요, 선생님
학예회 연습은 그만하고 운동장에 나가 잡초를 뽑으렴
아이들은 벌써 운동장에 나간 뒤였죠

오랜만에 거길 가봤어요
딸기밭 위에 덩치 큰 붉은 벽돌 이층집이 생겨났더군요
명치에 얹혀 잘 내리지 않는
알 굵은 물딸기 같은

당신도, 딸기밭도 사라졌는데

당신의 물딸기는 사라지지 않아요

식구들은 안 먹는 딸기를 혼자서 다 먹어 치웠어요
나만 아는 비밀을 다 먹어버렸어요

오늘은 연로하신 선생님의 부고를 한참 지나 들었어요

스톡홀름 증후군

 그렇게까지 할 일이었을까요. 과잉 반응은 과속 방지용 스피드 건의 단속에도 잘 안 걸리는 편이에요. 어떤 만남은 시간이 지나서도 끔찍하죠. 거미와 화해하고 싶으면 거미를 칭찬하라는 말을 들었어요. 놈은 근성 질긴 복서였거나 캔서였지만 날렵하고 근사한 다리와 검은 몸뚱이를 칭찬했죠. 새로운 동거를 다시 시작해야 한다는 건 좀 지쳤어요. 가슴에 죽은 듯이 매달려 지내던 시간을 뒤로 해 성마른 녀석은 발 빠르게 움직여 배로 향했죠. 가슴과 배 중간쯤에 멈춰 서선 나의 콤플렉스를 살피며 시니컬한 웃음을 손거울에 비춰보곤 했어요. 나는 더는 두고 볼 수 없어 망설이다 집게손가락으로 힘껏 튕겨냈어요. 바닥에 떨어진 녀석을 밟아버릴까 하다가 관뒀어요. 대신 기름이 잔뜩 밴 과자 봉지로 살짝 눌러버렸죠. 누가 본 건 아닐까. 슬며시 봉지를 밀어 치워버렸죠. 놈은 어쩌면 구겨진 종이 틈에 미끄러지듯 숨어 위기를 재빠르게 모면했을지 몰라요. 이상하죠. 왠지 그러길 바랬어요.

새들의 빈집

나의 서식지는 벌레 먹은 침엽수
얼마나 많은 후회가 조여오는지
밤이면 별 대신
가슴에서 무수한 톱밥이 쏟아져 내렸지

그때 웃음을 잃지 않았던 건
예견된 장대비에
마음까진 젖지 않을 자신이 있었기 때문이야

그때는 몰랐네
되돌리고 싶은 일은
꿈과 현실을 오가며 도돌이표를 찍고
악보를 구겨버리고 나서도
절대 멈추지 않는다는 것을

그리운 새들은 생각하면 할수록
멀리 날아가고
갉아먹다 버린 천박한 질투만이
암갈색 하늘에 속절없이 구겨져 있네

휴머노이드 마마

 연금이 나오자마자 십 년 동안 집안일을 해준 로봇 마마가 작동을 멈췄다. 수차례 AS를 받았지만 배터리 문제라 더는 수리되지 않았다. 전에는 내가 그녀의 일을 대신했다. 나의 피하지방층 배터리 생성에 문제가 생기면서 3세대 로봇인 그녀를 샀다. 비쌌다. 나는 같은 일을 하면서 그렇게 비싼 대우를 받지 못했는데. 마마의 배터리는 다른 회사 배터리와 호환되지 않았다. 주변에선 4세대로 바꿀 때가 되었다고 한마디씩 했지만 어차피 특화된 기능만 쓰므로 크게 문제 될 건 없었다. 남들 하는 건 다 하고 살아보자던 계획은 바꾼 지 오래. 5세대 출시기념으로 4세대가 특가로 쇼핑몰에 떴다. 마마를 바꿀 좋은 기회. 최신형은 아니지만 20대에서 70대까지 여성의 모습을 한 로봇은 연령별, 지능별로 가격이 매겨졌다. 생김새는 고객취향 조사를 통해 디자인되었다. 모든 관계에 가성비를 따지는 시대가 된 지 오래. 50세 아이큐 99에 별 다섯 개 강추 휘장이 붙었다. 밥과 청소는 매일 정해진 시간에, 빨래는 주말에 몰아서. 스스로 입을 다물 줄 알고 쓸데없는 거짓말 금지는 필수. 주말 밤엔 드라마나 영화를 같이 보며 울고 웃고 화내는 건 옵션. 사용자가 잠드는 시간에 맞춰

충전 키트로 돌아가는 게 이 제품의 특장점이었다. 마마를 버릴 마음의 준비가 필요하다고 생각하는 순간 마마가 다가왔다. 눈물이 핑 돌았다. 마지막 인사는 할 수 있게 설계되었다더니 나를 세게 끌어안았다. 나는 척추뼈가 나가 침대에 처박혔다. 마마가 4세대 마마를 주문했다. 수십 년 부려먹을 만큼의 배터리 수명을 치밀하게 계산해 놓았다. 꾀병을 부릴 수 있는 마마란 걸 잊었다. 귀엽다고 손뼉 쳐주던 지난날이 주마등처럼 흘러갔다.

마마가 고유의 제 기능을 멈추고 스스로 배터리를 아끼기 시작했다.

다행이라는 병

이 병은 다행이라는 병이에요
손에 물 한 방울 안 묻히고 살 수 있나요
걱정하지 말아요, 이 병으로 죽지는 않을 테니

돌팔이 의사였는지 명의였는지는 알 수 없는 일이죠
생각할 틈도 없이 살아온 지난날들이 모두
악화와 호전을 거듭하는 불굴의 투쟁기였겠지요

손가락에 다시 수포가 올라오고
의사도 나도 눈 깜빡하는 새 삼십 년이 늙어 있었어요
한결같은 건, 불치병이라는 농담 같은 선고뿐

걱정하지 말아요, 이 병은 본래 그래요
삼십 년째 오는 할머니들도 계시는걸요
나을 거라는 희망 같은 건 잊어버리는 게 좋아요

낫지도 않고 죽지도 않는 병이라니, 얼마나 다행이에요
'다행'이 모이고 모여 무려 삼십 년

그 세월이면
주부 사표를 내볼 생각도 좀 해볼 때가 된 거겠죠

4부

용감한 봄날

봄, 그 섬
— 제주 4·3평화공원에서

어떤 고요 앞에선
차마 발을 뗄 수 없지

할 수 있다면
도려내고 싶은 나의 역사가 있듯
도려내지 못하면 가리기라도 해야겠어서
꽃을 마음에다 무더기로 심었지

꽃이 꽃으로 이어지는 섬
꽃 지기 무섭게 다시 피어나는 섬

동네 모든 집이 제삿날이라지
그 헛웃음 뒤의 잔상

우리가 숨바꼭질하며 노는 동안
이야기는 각색되고
망자들은 눈을 감지 못했네

콘크리트 빛 날씨를 걸으며

그래도 우리가 웃을 수 있던 건
꽃 무더기 때문만은 아닐 테지

내륙엔 없는 물고기가 살고
매일 낯선 달이 부풀어오르고
만져본 적 없는 바람이 이는
거기, 그 섬

봄, 동백을 보다
— 청산도에서

꽃 한 송이 툭 떨구자
핏방울이 사방으로 튀었다

가슴이 쿵 내려앉았다
목 꺾어지는 꽃들이라니

사랑은 식은 촛농 같아서
불을 붙이면 다시 녹아내리는
철딱서니 같아서

사랑을 잃고 산다는 건
심지를 다시 돋우는 일과 같아서

봄날 저녁이면 언제나
새로 불을 붙이곤 했는데

선혈 낭자하게 지는 너를 보기 전까지
나는 네가 동백인 줄 몰랐다

동백을 들이다
— 제주 다랑쉬굴 앞에서

꽃이, 붉디붉은 섬

꽃 지던 시간을 보네

동백의 낙화는 산 자들의 헌화

어찌 살아왔을까

누가 물으면 바다에 갔다 하고

울 밑에 동박새 울다 가면
바람 한 점 없이도 동백은 지고

야트막한 돌담길 어깨 너머로
돌하르방은 종일 바다 바라기만

이제 알겠네
통꽃이 지던 까닭을 이제야 알겠네

돌아온 승탑
— 법천사지 유적전시관에서

지광국사탑을 바닥에 내려놓았다
상한 곳을 복원하느라 비슷한 돌을 붙여놓았다

다른 시대의 다른 전쟁

전쟁의 포화에 잘려 나간 귀퉁이
반짝이는 새 화강암으로 덧대놓았다

알 수 없는 생각
말의 융단 폭격에 으스러진 마음을 꼭 복원해야 할 이유
잘려 나간 마음을 덧대야 하는 이유

귀에 와닿는 음성은 분명 너인데
아직 아물지 않았다는 걸
앞으로도 그럴 생각이 없다는 걸 알았다

너도 알다시피
메운 틈새의 틈으로 훔쳐 달아난 세월은 복원할 수 없다

사리를 잃어버리고 돌아온 승탑 앞에
빈손을 모으고 눈을 감아도
우리가 모른 척하던 파란은 끝끝내 잠들지 않는다

봄은 이제 시작인걸요

야야 여기 눈이 펑펑 내린다야

삼월도 다 지난 그야말로 봄
춘천행 버스 타고 남양주 지나시던 엄마

차창 밖으로 눈이 마구 쏟아지고 있다고
달뜬 목소리시다

여긴 해가 쨍쨍해요 엄마
이제 막 개나리도 피고 산수유도 피는걸요

친정엄마 만난 얼굴처럼 햇살 환한 날

아니나 다를까, 여기도
떼 지어 공중을 뛰어내리는 마구잡이 눈송이들

야야 저 핀 꽃들을 다 어쩐다니

괜찮아요, 엄마

꽃도 눈도 지금은 무섭겠지만 다 알 거예요

기어이 봄은 오고야 만다는 걸

백담사, 봄길

왼쪽에 앉았어야 했다

드리운 봄꽃나무 가지라도 상할까
산허리 바위라도 스치진 않을까
버스는 소곤소곤 객쩍은 걱정을 들으며
좁은 산길을 오른다

절에 잠시 머물다 간다

- 그쪽 경치보다 이쪽 경치가 좋아요
- 올 때도 보니 반대쪽에 앉았던데

등 뒤를 두드리는 목소리에
계곡 풍경이 보이는 오른쪽으로 고쳐 앉는다

정말 백담일까 세어볼 새도 없이
내려가는 버스는 세월만큼 빠른데

앞서 극락보전에 들어

오래 절을 올리던 그 목소리만이
봄빛 물빛 가득 담은 계곡 물웅덩이마냥
고요히 고였다가
흘러간다

쎄무와 봄눈

쎄했어, 아닌 봄날의 눈이라니
어린 것들의 발이 시리면 안 되는 거잖아

알지?
싸했어, 정말
스웨이드- 간밤에 무슨 일이 있었던 걸까

검은색 스웨이드 부츠 한 짝이
봄눈을 덕지덕지 묻히고 나뒹굴고 있더군

우린 더 쎄련된 느낌으로 쎄무라 불렀지

누가 저 말의 외짝을 잃고 눈길을 맨발로 걸어간 걸까

악착같이 들러붙어 있는 저놈의 눈 알갱이들
말의 돌부리에 채지 않으려고

발끝으로 툭툭 밀어 차서 뒤채지 않게
길가로 밀어놓았어

아침이 오면 맨발 한 짝이 신을 찾으러 올지 모르잖아

절룩절룩
봄눈을 밟으며

동명항

끝도 없이 서로를 할퀴던 시절
연인의 지지고 볶는 모든 언어는
'사랑해'의 다른 버전이라고 믿었네

바다에 맞닿은 절벽은 부딪혀도
어쩐지 덜 아플 것 같아
거기로 뛰어드는 상상을 하면
그럴 것도 아니면서
괜히 눈물이 났네

죽고 싶다는 말과 죽기 싫다는 말 사이엔
언제나 죽을 만큼이 살았는데
그 말을 들으면 자꾸 화가 나서

나만 알고 있어야 하는 비밀과
언젠가 모두 알게 되는 비밀을
가늠하기 어려운 저녁이면
불빛 한 잔에도 취해 비틀거렸네

사랑, 그런 게 있기는 했던 건지

아둔해서 용감한 청춘의 어떤 날처럼
오늘 우리는 바다로 달려가
밤하늘에 눈을 맞추고
그렇게 달콤하다는 봄 숭어를 먹었네

예민銳敏

창가의 먼지를 그대로 둔다
먼지를 차분히 재운 봄볕의 무게

휴일의 찻물 끓는 소리
어디선가 급히 멈추어 서는 자전거 바퀴 소리

우당탕

날카롭게 짖는, 멀리서 온 들개들이 달려들 듯
예고 없이 쏟아지는 빗소리

비 맞은 우체통 속에서 편지 젖어드는 소리
꿈의 이마 가까운 데서 꽃잎 떨어지는 소리

어디서 찢어지고 깨지고 번지고 있을
저마다 불어오는 소리의 끝

쉬이 잠 못 드는 밤

세상과 나 사이가 마냥 서럽다

징크스 깨기

암 진단받고 울면서 오던 여자는
옆집 해피처럼 남자가 따라와주기 전에는
혼자 병원을 가지 않았다

병의 뿌리는 또 얼마나 깊고 지루한지
여자는 병원 가는 날짜 셈을 멈춰버렸다

그 남자와 그 여자와 불안
셋이 함께 살지만 티 내지 말기

불안은 여자보다 남자를 더 좋아했다

여자는 모른 척 혼자
병원 가는 날을 바꿔버렸다
그 남자는 여자가 병원 가는 날을 잊었다

불운한 하루 상상을 구겨버리며
여자는 혼자 병원을 간다
서운하긴 개뿔

서운하긴 개뿔

여자가 진료실 문을 혼자 연다, 잘 열린다

이젠 울지 않는 여자의 용감한 봄날

당신은, 울림통이야

봄이 다시 왔는데
잔기침이 떨어지질 않았지

이제 영원히 노래를 못 할지도 몰라

숨이 아파 말끝이 서운했지만
속은 정작 시원했지

눈을 뜨면 소리를 불러들이는 일
첫 코드를 잡는 일
밀리고 틀리고 불협화음에 엉망이어도
이미 일어난 일은 일어난 일
매일 다시 시작하는 일

오늘 아침 오랜 감기로 우두커니 있는 내게
나의 나무*가 속삭여주네

당신은,
미완의,

아름다운,
울림통이야

당신의 숨에도 봄이 다시 찾아올 거야

* 지상선 동시집 『나의 나무』에서.

재촉

봄눈이 폭설이다
꽃 좀 보자 했더니 눈꽃이다

얼마나 예쁜 꽃을 보이려고
이런 함박눈을 내게 쏟아내나

멀리 봄꽃 같은 걸 깜짝 피워내나

삼사월이면 한 번씩은 그랬던 일인데
새삼 놀라는 것도 놀라운 일

아무리 그래도 봄은 봄이지

꽃나무 기둥
봄을 재촉하는 염소 한 마리
까치 두 마리

어서 피어라, 빨리 피어라

그래 그런가
올해는 제법 눈이 빨리 녹는다

첫사랑은 길에서 거반 다 늙었네

육림고개길 넘나들며
손잡고 뛰어다니는 어린아이 둘

첫사랑이었네

육림극장 영화표를 예매하고
거리 유행가가 흘러넘치던 시절

친구들에게 풋사과 같던 첫사랑의 안부를 묻네
연락은 하지 말라고
첫사랑도
나도
이젠 너무 늙었다고

고개에 올라서도 밤하늘 별은 잘 보이지 않고
우리들의 극장에선 창고 대방출 세일 중

우리 서로 다른 길에서 거반 다 늙었어도
첫사랑은 첫사랑

살며시 눈 감으면
조금 붉어진 얼굴

분홍낮달맞이꽃

딱 한 번 입어본 분홍 원피스가 있었네
삼십 년을 가지고 살았네

이런 날이 올 줄 알기는 했을지
더는 입을 수 없는 스무 살이었네

모두 집을 비운 거울 앞에서
나는 눈부신 작별을 만나러 가야 하네

작별도 사랑이란 시를 찾아 읽어야 하네

아무도 없는 낮, 볕이 잘 드는 창가에서
혼자 피었다 지는 화사한 작별을 떠올리네

마침내 모두 떠나고 없는 저녁이
달을 밀며 느린 걸음으로 돌아오고 있는 게
보였네

그러다 봄이 오면 어쩌려구요

여기가 마지막 카페라는군요
우체국 가는 길에 선 배너를 읽습니다

나이 먹으니
마지막이란 말이 유독 눈에 듭니다

매일 마지막 연서를 쓰다가
한 줌 덜어 메일함에 저장해둡니다
가끔 꺼내 보면 오타투성이
매일 마지막 탈고를 합니다

마지막 카페를 마지막 겨울이라 바꿔 읽고는
혼자 웃어보는 내게 그대가 묻습니다

그러다 다시 겨울이 오면 어쩌려구요
그러다 또 봄이 오면 어쩌려구요

어쩌긴 뭘 어째요
가만히 꺼내 처음인 양 설레야지요

해설

흩어지는 말들의 씨앗

오민석

문학평론가 · 단국대 명예교수

1

시는 절대적 중심, 근원, 그리고 현전Presence을 추구하지 않는다. 이런 것들은 미리 주어진 정답이라는 점에서 예정론이고 결정론이다. 시는 하나의 중심으로 절대 수렴되지 않는 의미의 무수한 풀씨들에 유념한다. 시는 마치 단단한 각질의 나무를 분해하는 벌레처럼 절대적인 로고스Logos의 벽에 구멍을 낸다. 톱밥처럼 흩어지는 로고스의 각질이야말로 시가 태어나는 장소이다. 그러므로 시는 '없는 중심'에 존재하는 것이 아니라, 이것과 저것 사이 혹은 이것도 저것도 아닌 것들 사이에서 존재한다. 시는 강고한 형이상학의 기둥들 사이에 흔들리는 존재의 그림자에 주목

한다. 왜냐하면 존재는 언제나 이것 아니면 저것이 아니라 이것 혹은 저것 사이에 흩어져 있기 때문이다.

  반드시 횡단보도로 건너야 직성이 풀리는 내가 평소 무단횡단을 일삼는 그와 부딪힐 확률은 지극히 낮다고 보아야 한다. 우리가 만날 수 있는 건, 그가 구김 없이 다려진 흰 와이셔츠 정장 차림으로 횡단보도 위에 첫발을 반듯하게 내려디딜 때. 혹은 헤어지는 길에서 마주친 눈을 조금 길게 바라보다 홀린 듯 그의 뒤를 따라 안개 낀 로터리를 무단 횡단할 때. 아! 거기서 그만, 가슴이 부서지는 대형 사고를 상상하며 "그의 품에서 죽었으면 좋겠네." 중얼거리며 실없는 웃음이 날 때. 슬픔으로 가득 찬 그의 얼굴을 감싸쥐는 나의 작은 손. "나 때문에 와이셔츠가 지저분해졌군요. 미안해서 어째요?" 이런 발칙한 멘트를 비눗방울 놀이처럼 하늘 가득 무지갯빛으로 펼쳐 보일 때. 홀로 중앙선에 갇혀 오도 가도 못하는 신세가 되어 울상인 내게, 손을 흔들며 어서 건너오라는 손짓, 그 너머로 하얗게 빛나는 치아에 물린 미소를 보았을 때.
  ―「주말시인」부분

  모든 길이 하나로 통한다면, 모두 같은 방향으로 걸어간다면, 그리하여 의미의 아무런 주름도 생기지 않는다면, 그렇다면, 시도, 상상력도, 신화도 만들어지지 않았을 것이다. 의미는 항상 일방통행로에서 생기지 않는다. 시는, 서로 다른 길들이 만날 때, 하나의 강세가 다른 강세와 부딪혀 파장이 생길 때, 서로 다른 이야기들이 교차할 때, 그리하여 어느 한쪽으로만 몰아붙일 수 없는 의미의 산종dissemination이 생겨날 때, 희미한 무지개처럼 떠오른다. 흩어진 물 분자들과 산란散亂 상태의 빛이 만날 때 겨우 뜨는 무지개처럼, 시는 서로 다른 에너지들이 꿈틀대며 "가슴이 부서지는 대형 사고를 상상"할 때 겨우 펼쳐진다. 조현정의 시들은 이렇게 서로 다른 것들의 사이에서, 그 틈이 만드는 긴장의 자리에서 일어나는 바람을 보여준다.

예초기를 돌렸다
까투리가 죽었다
아랫집 찔레나무 아래 묻어주었다

과수밭 풀숲에 숨어 있는 꿩알 열두 개
칠면조 키우는 아랫집 아저씨네 드렸다
새끼 열둘이 세상에 나왔다

에미가 새끼 지키느라 도망가지 않았군

꿩 열두 마리
찔레 열매 익어갈 즈음

낮은 뒷산 기슭에 풀어주었다

찔레꽃 하얗게 피면
고것들 열둘이 차례로 돌아가며
아저씨 집 마당을 건너간다고
엄마 제사를 지내고 가더라고 했다
—「찔레나무 곁에서」부분

　예초기를 돌리는 쪽은 그쪽대로, 죽음이 임박한 것을 알면서도 "새끼 지키느라 도망가지 않"은 쪽은 그쪽대로, 다 나름의 이유가 있다. 그 누구도 어느 한쪽의 손을 들어 다른 쪽의 의미를 배척할 수 없다. 시는 이렇게 서로 다른 두 축이 만나는 자리에서, "찔레나무"가 아니라 "찔레나무 곁에서" 발생한다. 이 시가 독자들의 심금을 울리는 것은 서로 다른 방향의 두 길이 만나 보여주는, 아름다운 유토피아의 풍경 때문이다. 예초기 쪽은 반대쪽을 자기 쪽으로 끌어와 살려내고, 원래의 자리로 돌아간 반대쪽이 다시 예초기 쪽을 향해 돌아오는 이 완벽한 화해의 장면은 헌신적이지만 끔찍한 죽음을 경유한 후에 이루어진 것이라는 점에서 더 감동적이다. 조현정은 절대적 중심을 허물어뜨리고 그 경계를 횡단하는 자리에 시적 이야깃거리가 있음을, 그 틈새의 자리에 시적 사유가 끼어들어야 하고, 상상력이 가동되어야 함을 잘 알고 있다.

끝도 없이 서로를 할퀴던 시절
연인의 지지고 볶는 모든 언어는
'사랑해'의 다른 버전이라고 믿었네

바다에 맞닿은 절벽은 부딪혀도
어쩐지 덜 아플 것 같아
거기로 뛰어드는 상상을 하면
그럴 것도 아니면서
괜히 눈물이 났네

죽고 싶다는 말과 죽기 싫다는 말 사이엔
언제나 죽을 만큼이 살았는데
그 말을 들으면 자꾸 화가 나서

…(중략)…

사랑, 그런 게 있기는 했던 건지

아둔해서 용감한 청춘의 어떤 날처럼
오늘 우리는 바다로 달려가
밤하늘에 눈을 맞추고
그렇게 달콤하다는 봄 숭어를 먹었네
―「동명항」부분

사이 혹은 틈은 관계를 전제한다. 조현정이 서로 다른 항목들 사이에 흩뿌려지는 의미에 주목한다는 것은 항목들 사이의 '관계'에 주목한다는 말과 다를 바 없다. 이 작품에는 두 사람의 관계만이 아니라 그 두 사람이 공유하는 두 개의 다른 시간대들 사이의 관계도 있다. 그것을 사랑이라고 믿고 "끝도 없이 서로를 할퀴던 시절"과 그 모든 "청춘의 어떤 날"들이 지나가고 이제 함께 바다로 달려가 "달콤하다는 봄 숭어를 먹"는 시간대 사이엔 "죽을 만큼" 괴롭고 힘들었던 서사들이 축적되어 있다. 그리고 그 사이, 화자는 그 틈의 모든 것을 일러 "사랑, 그런 게 있기는 했던 건지" 질문을 던지는데, 바로 이 자리야말로 관계의 틈새이며 시적 사유가 끼어드는 지점이다. 삶의 의미는 분명한 사랑을 실현하고 사는 것만이 아니라, 그 안개처럼 흩뿌려진 사랑의 미로를 지나오면서도 관계가 지속된다는 데에도 있다. "아둔해서 용감한"이라는 수식어는 강력한 로고스나 절대적인 현존보다 정동affect이 더 소중한 삶의 내용임을 시사한다.

2

2부는 이 시집의 제목과 같은 제목인「시라는 모종의

잔해」 연작시로 이루어져 있다. 총 15편으로 이루어진 이 연작시들은 아무래도 이 시집의 중심 지대를 이루고 있다고 보는 것이 좋다. 연작시의 제목이 그대로 시집의 제목으로 올라갔다는 점과 같은 제목으로 무려 15편의 연작시가 시집의 중앙에 들어 있다는 사실만으로도 ('중심'이라는) 충분한 알리바이가 성립된다. 문제는 제목의 "모종"에 대한 친절한 안내가 전혀 없다는 사실이다. 여기에서 모종은 '某種'인가, 아니면 '모種'인가. 전자는 '어떠한 종류'를, 후자는 '옮겨 심으려고 가꾼 어린 식물'을 나타낸다. 시인이 한자 표기를 생략한 것은 이 두 개의 어휘가 상반된 것이 아니기 때문에 그런 것일 수도 있다. 이 두 의미 중에 어떤 것을 취하더라도 의미 자체가 정반대로 갈 가능성은 전혀 없기 때문이다. 오히려 시인은 시가 '어떤 종류'이긴 하되 구체적으로 말하면 아직 성체成體가 아닌 '새싹' 같은 것이라는 의미로 이 단어를 (한자 표기 없이) 사용한 것일 수도 있다. 한자 표기를 했으면 하나로 굳어졌을 이 단어의 의미는 사실은 이런 의도적 방치를 통해 오히려 ① 어떤 종류, ② 어린 새싹 같은 것, ③ 이 두 가지를 합쳐 놓은 것 혹은 이 두 가지 의미에 걸쳐 있는 것의 세 가지로 더 확장된다. 중요한 것은 시가 이 세 가지 중의 무엇이든 간에 시인이 그것의 "잔해"에 관하여 말하고 있다는 사실이다. 시가 모종의 잔해라는 말은 시가 "모종"이라는 중간어를 걸치더라고 결국은 '잔해'라는 도착

어로 귀결된다는 뜻이다. 잔해는 절대적 중심이 없거나 해체된 것, 현전이 아니라 부재에 가까운 어떤 것이다.

 사회생활이든 회사생활이든
 아주 이따금씩
 정돈을 즐기면 그뿐

 쌓인 서류를 한 번에 갈아버리고
 쌓인 인간관계를 한 번에 끊어내고
 제자리로 돌아올 일정한 주기 안에서

 다시 어지르며

 살아가는 것
 ―「시라는 모종의 잔해 1」 부분

시의 혹은 시인의 시선이 가는 곳은 변하지 않는 '루틴'이 아니다. "정돈"은 때로 좋은 것이지만, 그쪽만이 길이 아니다. 로고스와 현존의 형이상학은 하나의 절대적인 길, 직선의 길만 가리킨다. 그쪽으로 가지 않는 길은 헛것의 길이며 비본질적인 길이라고 가르친다. 그러나 삶은 그렇게 반듯한 직선만으로 포착되지 않는다. 삶은 다양한 층위들이 만나 다양한 방식으로 접히는 주름들의 미로로 이루어져 있다. 들뢰즈G. Deleuze는 데카르트(같은 형이상학자)가 물질과 영혼의 미로를 통과하는 법을 모른다면, 그것은 "그가 미로의 지속성의 비밀을 직선의 트랙에서, 그리고 자유의 비밀을 영혼의 강직함에서 찾았기 때문이며, 그가 물질이 만곡彎曲으로 이루어져 있다는 것만큼이나 영혼에도 경사가 있었던 사실을 몰랐기 때문"이라고 설명한다(The Fold: Leibniz and the Baroque, 3). 직선적 사유는 물질과 영혼의 '미로'를 이해하지 못한다. 그런 의미에서 시적 사유는 만곡의 사유이며 주름의 사유이다. "정돈"의 직선만으로 삶의 복잡성을 설명할 수 없다. 정돈은 "이따금씩" "즐기면 그뿐"이다. 정돈의 유효성은 "이따금"이라는 시간의 곡면曲面에서만 유효하다. 삶의 미로에서 항구적으로 유효한 로고스는 없다. 설사 무언가를 "한 번에 갈아버리고" "한 번에 끊어내고" 할지라도, 그 절대적인 '정돈'은 언제고 "다시 어지르며" 살아가야 한다. 시는 이렇게 정돈과 어지름의 틈새에서 그 어느 쪽에 (일시적으로) 속하면서 동시에 그 어느 쪽에도 속하지 않는 '모종의 잔해'로 존재한다. 여기에서 모종은 그런 '종류'의 뜻과 앞으로 더 커질 '작은 싹'으로서의 의미를 둘 다 가지고 있다.

웃을 일만 기다리는 걸 그만두어야 할 때가 바로 지금이라는 것을. 그럼 좀 나아질까. 잘 우는 법을 잊은 우리는 웃음을 멈출 수 있을까. 평온한 침묵을 다시 시작할 수 있을까. 당신과 우리가 마음 다치지 않고 함께 우는 법을 배울 수 있을까. 그러면 당신이, 당신의 과수원에서 과일이 들지 않은 빈 봉지들을 수없이 뜯어내곤 아무 일도 없는 저녁처럼 집으로 돌아올 수 있을까. 우리 최악이라는 말은 쓰지 말자. 해마다 최악의 기록을 경신하는 최악이라니. 그런 말은 하지 말자. 그렇게 끝나는 세상은 없을 테니까.

언제부터인가 웃음도 울음도 한꺼번에 잃어버린 당신에게 술 한 잔 사주고 싶은 저녁, 비가 여러 날을 이어 내리고 있다.
—「시라는 모종의 잔해 6」 부분

삶은 하나의 거대한 주름이나 평면으로 이루어져 있지 않다. 그것은 다른 곡면들과 만나 무수히 다양한 주름들을 만들어낸다. 산다는 것은 이 다양한 주름들로 이루어진 미로를 거쳐나가는 것이고, 시는 이 다양한 주름과 주름들 사이에서 흩어지는 바람의 언어이다. 들뢰즈의 말마따나 "주름은 마치 동굴 속의 동굴처럼 주름 속에서 항상 또 다른 주름을 만든다."(The Fold: Leibniz and the

Baroque, 6) 삶의 주름은 "웃음"만으로 이루어져 있지 않다. 거기엔 웃음을 그치고 "우는 법"을 배워야 할 주름도 있다. "최악"이란 주름도 종결이 아니다. '최악'은 "최악의 기록을 경신하는 최악"의 다른 잠재적 주름(들)을 항상 가지고 있다. "웃음도 울음도 한꺼번에 잃어버린" 주름도 삶의 곡면 중의 하나이다. "시라는 모종"은 곡면으로 이루어진 그런 미로들의 잔해이다.

3

삶이 문제적인 것은 그것에 절대적인 기원, 현전, 로고스가 실제로 없거나 아니면 없다고 생각하기 때문이다. 절대적인 현전에 대한 믿음이나 신념을 막을 이유가 없으므로, 모든 주체에게 이런 절대적 중심이 없다고 말할 수는 없다. 그러나 그런 로고스에 대한 믿음의 세계는 신앙의 세계이지 시의 세계는 아니다. 시는 절대적 중심의 부재라는 문제의식에서 시작하므로 불안과 의심의 주위를 맴돈다. 그렇지만 시는 불안과 의심을 사유와 상상력의 절대적 중심으로 설정하지 않는다. 그렇게 되면 그것은 또 하나의 로고스가 되므로, 시는 그것이 무엇이든지 말하는 순간 자신이 말하는 것을 다시 자성自省한다. 이 부정의 부정의 자리에 위안과 치유의 정동이 고인다.

우리는 조금 멀리 있었어
그날 아침도

이 별 한쪽에선
여전히 너무 많은 사람들이
한꺼번에 죽어 나가고
다른 쪽에선 열에 들뜬 젊은이들이
초콜릿을 주고받았지

태풍이 몰려온다는군
그렇다고 다 쓸어가지는 말고
울 사람은 더 울 수 있도록
남겨두었으면
―「창백하고 푸른」 부분

이 세상엔 "너무 많은 사람들이/ 한꺼번에 죽어 나가"는 비극만 있는 것이 아니다. 세상은 또한 그런 주름 바로 옆에 "열에 들뜬 젊은이들이 초콜릿을 주고 받"는 희극의 주름을 가지고 있다. 이런 두 개의 주름 또한 그것 자체로 머물러 있지 않는다. 그것에 제3의 주름인 "태풍이 몰려"와 주름의 지형도는 다시 커다란 변화를 일으킬 수 있다.

이 무수한 동굴의 동굴을, 이 실뿌리처럼 끝없는 주름의 주름을 떠도는 시는, 시의 마음은, 오로지 한 가지를 고대한다. 그 어떤 주름이든지 "다 쓸어가지는 말고/ 울 사람은 더 울 수 있도록 남겨두"기를. 그러나 세상은 주체의 의지대로 구성되지 않는다. 이것은 소망일 뿐, 의지가 아니다. 조현정은 「시인의 말」에서 이렇게 진술한다. "'저절로'라는/ 열망 없는 말을 사랑하게 되었다.' '저절로'라니, 이것이야말로 혹시 로고스의 티를 전혀 내지 않는 대문자 로고스가 세계를 운영하는 방식 아닌가. 그것을 알 바 없고, 그것을 정할 능력도 없는 무력한 주체가 할 수 있는 일은 당연히 "저절로" 세상이 제대로("울 사람은 더 울 수 있도록 남겨두었으면") 굴러갈 것을 고대하고 그런 "열망 없는 말을 사랑"하는 것밖에 없다.

    야야 여기 눈이 펑펑 내린다야

    삼월도 다 지난 그야말로 봄
    춘천행 버스 타고 남양주 지나시던 엄마

    차창 밖으로 눈이 마구 쏟아지고 있다고
    달뜬 목소리시다

    여긴 해가 쨍쨍해요 엄마

이제 막 개나리도 피고 산수유도 피는걸요

     친정엄마 만난 얼굴처럼 햇살 환한 날

     아니나 다를까, 여기도
     떼 지어 공중을 뛰어내리는 마구잡이 눈송이들

     야야 저 핀 꽃들을 다 어쩐다니

     괜찮아요, 엄마
     꽃도 눈도 지금은 무섭겠지만 다 알 거예요

     기어이 봄은 오고야 만다는 걸
     ―「봄은 이제 시작인걸요」 전문

　한쪽엔 눈이 펑펑 오고, 다른 쪽엔 해가 쨍쨍하다. 서로 다른 영역에 서로 다른 주체들이 존재한다. 그러나 시는 그 어느 한쪽이 아니라 양쪽 혹은 양쪽이 겹치거나 비켜 가는 쪽을 어른거린다. 마침내 해가 쨍쨍하고 "개나리도 피고 산수유도 피는" 쪽에도 "마구잡이 눈송이들"이 내린다. 이 제3의 주름 지대를 보며 서로 다른 두 주체는 각자의 주름을 넘어와 공동의 운명을 사는 주체가 된다. 눈 세계의 주체는 꽃 세계로 넘어와 "야야 저 핀 꽃들을 다 어쩐다니"라고 혀를 차고, 꽃 세계의 주체는 그런 주체에게 응답한다. "꽃도 눈도 지금은 무섭겠지만 다 알 거예요"라고. 두 개의 상반된 세계에서 공동의 세계로 밀려 나온, 다르면서도 같은 두 주체는 무엇을 알까. "기어이 봄은 오고야 만다는 걸" 안다. 기어이 오는 봄은 "저절로" 온다. 그러므로 이 '저절로'를 꿈꾸는 것은 시인의 말대로 "열망 없는 말"일 수도 있지만, 더 정확히 말하면 '열망이 필요 없는' 말이다. 왜냐하면, 봄은 그 모든 주체의 주관적인 열망과 무관하게 '저절로' 오기 때문이다.

지금까지 살펴본 것처럼 조현정 시인은 대문자 로고스의 형이상학에 의존하지 않는다. 조현정 시인은 단일한 기원이나 현전으로 설명할 수 없는, 이것이면서 저것이고 동시에 이것도 저것도 아닌, 실뿌리 같은 미로 속에 삶이 존재한다고 생각한다. 조현정 시인에게 시는 이런 무수한 동굴과 주름 사이를 떠도는, 그것들 사이에 흩뿌려진 씨앗 같은 것이다. 이런 의미소들을 관통하는 보편적 원리가 있다고 할지라도, 시인에게 그것은 '저절로' 그렇게 되어야 하는 어떤 것이다. 저절로 되는 것들의 무수한 서사들 아래에, 로고스에 미련 없는 시들이 '잔해'처럼 쌓인다. 그리하여 조현정의 시는 마치 열망 없는 말처럼 희망과 사랑의 주름들 위를 떠돈다. 끝

달아실에서 펴낸 조현정의 시집

『그대 느린 눈으로 오시네』(2022)

달아실시선 103

시라는 모종의 잔해

1판 1쇄 발행	2025년 11월 21일
지은이	조현정
발행인	윤미소
발행처	(주)달아실출판사
책임편집	박제영
디자인	전부다
법률자문	김용진, 이종진
기획위원	박정대, 이홍섭, 전윤호
편집위원	김선순, 이나래
주소	강원도 춘천시 춘천로 257, 2층
전화	033-241-7661
팩스	033-241-7662
이메일	dalasilmoongo@naver.com
출판등록	2016년 12월 30일 제494호

ⓒ 조현정, 2025
ISBN 979-11-7207-080-9 03810

이 책의 일부 또는 전부를 재사용하려면 반드시 저작권자와 (주)달아실출판사 양측의 동의를 얻어야 합니다.

* 잘못된 책은 구입한 곳에서 바꿔드립니다.
* 책값은 뒤표지에 표시되어 있습니다.
* 이 책은 **강원특별자치도**, 강원문화재단으로부터 제작비 일부를 지원받았습니다.